N'OUBLIE PAS TA
BOÎTE À TARTINES!

W0207183

© Éditions Soliflor, info@soliflor.be
Avenue de l'Armée, 29 – B-1040 Bruxelles
www.soliflor.be

ISBN : 978 2 93054 357 4
Dépôt légal : D/10444/2015/02

Tous droits de reproduction, traduction,
adaptation réservés pour tous pays.

Aude Lafait

N'OUBLIE PAS TA BOÎTE À TARTINES!

Illustrations de José Reis de Matos

Soliflor

À Méline et à Lean

Introduction

«Eh ! les *zoziaux*, c'est l'heure du pyjama et des dents ! Je monte pour l'histoire dans cinq minutes ! »

C'est dimanche soir, je suis vannée, je range la cuisine et verse le reste de quinoa dans une boîte en plastique... Tiens, juste deux portions. Quand je glisse la boîte entre la feta de chèvre et la botte de cresson du marché, je me demande que préparer comme pique-nique aux enfants pour le lendemain ?
Entre l'histoire et les bisous, remonter une dernière fois leur assurer qu'il n'y a pas de loup dans le couloir et rapporter le *doudou tee-shirt troué de quand j'étais bébé* oublié sous le canapé, je regarde dans le congélateur. Ah ! miracle, encore un sachet de petits pois bio. Chouette aussi les quelques feuilles de menthe qui poussent sur le rebord de la fenêtre.

Le lendemain, 7 h, alors que Mel et Lélé, les yeux pleins de sommeil, mangent leurs céréales au lait de riz, je sors les restes de la veille, hache le cresson et la menthe, découpe la feta, fais cuire deux minutes les petits pois dans l'eau bouillante, déniche quelques graines de tournesol grillées, et hop, je mélange, j'assaisonne, je remplis deux boîtes à pique-niques et zzzou dans leurs petits sacs réfrigérants bien pratiques pour attendre le repas de midi !

Finalement, c'est assez rapide de préparer un repas sain, équilibré et amusant pour le déjeuner des enfants à l'école. Et si on s'amusait ensemble à varier les plaisirs (sandwiches, salades, galettes) et les sources de protéines, féculents, lipides, vitamines, minéraux, etc. dans les recettes de midi ?

On pourrait aussi préparer quelques accompagnements tels que des sauces ou des mélanges de graines qu'ils pourront ajouter « comme des grands » avant de manger ? Et trouver quelques boîtes à pique-niques rigolos, de tailles et de couleurs différentes en fonction des petits accompagnements, pour égayer et surprendre ?

Comme mes deux loups ont grandi depuis *Mon bébé mange bio*, j'ai inventé de nouvelles recettes tout spécialement pour leurs déjeuners à l'école, à partir de leurs goûts, de mes nouvelles lectures, de cours de cuisine et bien sûr toujours de ma philosophie de vie : on se sent bien quand on mange bien.

Les voici... pour régaler les papilles des petits, des moyens et même des grands pique-niqueurs !

Aude Lafait

Les boîtes à tartines*, bien connues de nos amis belges, sont des boîtes à pique-niques ou des *lunch boxes*, comme disent les anglophones. Elles peuvent évidemment contenir autre chose que des tartines... L'ouvrage que vous tenez entre les mains en apporte la preuve !

*Pour tout dire, les tartines ne sont pas des sandwiches à proprement parler, mais il faut admettre que la différence est subtile. La tartine est une tranche de pain recouverte de beurre, de confiture ou autre, bien souvent pliée en deux, pour en faciliter le transport et la dégustation. Le sandwich, inventé par Lord Sandwich, est donc un petit pain ou une baguette, coupés en deux ou deux tranches de pain, dans lesquels on place une tranche de fromage, de jambon, etc.

POUR BIEN COMMENCER

Quelques bons conseils

Les ingrédients

Vous avez bien quelques pots de confiture vides ? Parfait ! Ils pourront accueillir les assaisonnements de base que je vous propose de confectionner vous-mêmes. Un petit tour au magasin bio pour dénicher quelques graines, des huiles, des algues, des oléagineux (noisettes, noix, amandes...) et quelques autres ingrédients qui donneront aux enfants le tonus dont ils ont besoin à l'école.

CONSEIL

Ah ! Et pour mes petites manies : la priorité aux légumes et aux fruits de saison et dans la mesure du possible, aux aliments des producteurs du coin (ou pas trop loin). Et si, en plus, ils sont bio, c'est encore mieux !

De manière générale, nos enfants ont largement l'apport de sucre dont ils ont besoin et souvent même trois fois trop. Alors, si on les habituait à manger moins sucré et surtout à consommer des sucres naturels présents dans les fruits ou les légumes ? Des plats à base de blé – donc de gluten –, ils en mangent aussi partout (pain, pizza, pâtes, biscuits, etc.). Alors, si on variait un peu pour diversifier leurs déjeuners ? Je vous propose ici quelques idées pour savoir où chercher ces bons aliments qui les feront grandir, sans les priver des douceurs dont ils raffolent. Pour combiner, associer, inventer même !

Le temps de préparation

Malheureusement, nos vies au rythme trépidant nous empêchent de consacrer 30 minutes le matin à ces recettes équilibrées. Je vous invite donc à y consacrer quelques instants la veille au soir pour que le lendemain matin, tout soit prêt en un tour de main ! Je suis sûre que ce petit effort d'organisation ne vous pèsera pas. Et puis, dans le cas contraire, dites-vous que la santé de vos enfants en vaut vraiment la peine !

- La plupart des **tartines** sont réalisables le jour même en 15 minutes environ.
- En ce qui concerne les **salades**, prévoyez une préparation entre 10 et 25 minutes la veille. Le reste sera finalisé le jour même en quelques minutes.
- Quant aux **galettes, cakes ou crêpes**, il vous faudra consacrer un peu plus de temps pour les concocter (la veille, entre 20 et 55 minutes). Mais une fois préparés, ils sont idéals à congeler et à glisser le jour même dans les boîtes à tartines de la famille.
- Les **goûters** express (p. 97 à p. 106) se réaliseront en à peine quelques minutes. Les autres (p. 107 et suivantes) nécessiteront une préparation la veille.

Les ustensiles

Moi, j'ai déjà fait mes emplettes et rassemblé mes petits ustensiles ! Voici ceux dont vous aurez besoin pour vos pique-niques :

- Des **boîtes à tartines**.
  Choisissez-les écolo. J'en ai trouvé sans bisphénol A (BPA) ni phtalate, des substances dont on préfère se méfier (cfr. page 143). Il existe aussi des boîtes sous vide, une solution extra pour la conservation des aliments car elles n'en altèrent ni les saveurs ni les valeurs nutritives pendant de longues heures.
- Des **mini-boîtes** qui ne fuient pas pour les *dips*, les sauces, les crèmes ; et d'autres pour les noix de cajou, raisins secs, mangues sèches, etc.
- Des **sacs fraîcheur** (genre mini-glacières isothermes que l'on met la veille au congélateur) qui gardent les aliments au frais et évitent le développement de bactéries (l'école de mes enfants, comme une majorité, ne dispose pas de réfrigérateur pour les boîtes à tartines de midi).
- Des **couverts** pour les salades.
- Une **gourde**.

Mes recettes de petits pains

Même si je suis sûre que votre boulanger est formidable, pourquoi ne pas, de temps en temps, confectionner des petits pains faciles à préparer et les congeler ensuite ? Le jour J, rien de plus simple que d'en sortir du congélateur juste avant de les garnir. Ils resteront frais toute la matinée !

Petits pains à la carotte

Pour une vingtaine :

- **25 g de levure de boulangerie (de préférence fraîche)**
- **600 g de farine de blé**
- **170 g de flocons d'avoine**
- **8 dl d'eau**
- **½ cs de sel**
- **1 cs de miel**
- **170 g de carottes râpées**
- **1 cs d'huile d'olive**

LA VEILLE Dans un bol, mélanger l'eau, le sel, l'huile, le miel, les carottes râpées et les flocons d'avoine. Ajouter la farine peu à peu en remuant jusqu'à ce que la pâte soit lisse. Recouvrir le bol d'un film plastique et mettre au frigo toute la nuit.

LE JOUR J À l'aide de deux cuillères à soupe, former de petits tas (la pâte est collante, c'est normal) sur votre plaque de four tapissée de papier de cuisson. Éclabousser d'un peu d'eau les petits pains. Pendant que le four chauffe à 220 °C, laisser les petits tas de pâte monter. Enfourner et laisser cuire pendant 18 à 20 minutes. Laisser refroidir hors du four et en congeler une partie pour les futurs pique-niques.

Petits pains aux graines

Pour une douzaine :

- **20 g de levure de boulangerie (de préférence fraîche)**
- **200 g + 50 g de farine de blé**
- **300 g de farine complète**
- **25 g de graines de tournesol**
- **25 g de noix hachées**
- **5 dl d'eau**
- **1 cc de sel**

LA VEILLE Dans un bol, dissoudre la levure fraîche dans l'eau. Ajouter la farine complète, les graines de tournesol et les noix. Mélanger, puis ajouter le sel et 200 grammes de farine. Si la pâte est trop liquide, ajouter 50 grammes de farine et bien mélanger à nouveau. Déposer un film plastique sur la pâte et mettre au frigo toute la nuit.

LE JOUR J Allumer votre four à 230 °C (si possible avec chaleur tournante). Pendant ce temps, à l'aide de deux cuillères à soupe, former des petits tas (la pâte est collante, c'est normal) sur votre plaque de four tapissée de papier de cuisson. Éclabousser d'un peu d'eau les petits pains. Une fois le four chauffé à 230 °C, enfourner et baisser tout de suite la température à 225 °C. Cuire environ 15 minutes. Laisser refroidir et congeler ceux que vous n'utilisez pas le jour même.

Petits pains aux légumes

Pour une vingtaine :

- **25 g de levure de boulangerie (de préférence fraîche)**
- **450 g de farine de blé**
- **200 g de farine multicéréales**
- **75 g de graines de tournesol**
- **200 g de légumes râpés (ex : courgette, betterave, carotte, céleri ou potimarron)**
- **25 g de beurre mou**
- **1 œuf**
- **3 dl et demi d'eau**
- **1 cs de gros sel**
- **1 cs de miel**

LA VEILLE Dissoudre la levure fraîche dans l'eau. Ajouter le miel, le beurre, l'œuf, les légumes et le sel, et bien mélanger. Ajouter ensuite les graines de tournesol et les farines, et mélanger à nouveau. Laisser monter la pâte pendant 1 heure 30 environ.

LE JOUR J Préchauffer votre four à 225 °C. À l'aide de deux cuillères à soupe, former des petits tas sur votre plaque de four tapissée de papier de cuisson. Enfourner et laisser cuire pendant environ 20 minutes. Laisser refroidir et congeler ceux qui ne seront pas mangés dans la journée.

Mes assaisonnements de base

La plupart de mes assaisonnements, je les fabrique maison. Certains d'entre eux peuvent être achetés tout prêts, mais c'est plus frais, parfois moins coûteux et très chouette de savoir ce qu'il y a dans ce que l'on mange !

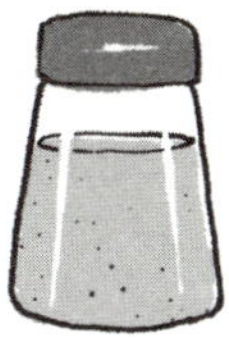

- Les **algues** en paillettes (là, il n'y a rien à faire !) : on les trouve en commerce bio, à saupoudrer sur les salades, galettes et tartines. Je les mélange parfois à mon gomasio pour en faire un gomasio de la mer.

- Les **graines à griller** : courge, tournesol, pignon, noix de cajou, sésame, etc. Je les grille quelques minutes à feu doux dans une poêle (sans matière grasse) afin de les rendre plus croustillantes pour les recettes ou les collations.

- Les **graines à germer**: la plus facile à faire germer et la plus douce pour les enfants est la graine d'alfalfa. Déposer une cuillère à soupe de graines sèches dans un germoir (de préférence en verre) et remplir d'eau, puis laisser reposer une journée. Le soir, rincer les graines et vider toute l'eau. Dès le lendemain, rincer les graines trois fois par jour. Au bout de trois jours, elles sont consommables. À glisser dans les tartines, les salades, les galettes et dans les apéros.

Mes crèmes pour accompagner

Crème de tahin

- **3 cs de purée de sésame**
- **Le jus d'½ citron**
- **4 ou 5 cs d'eau**
- **Une pincée de sel**

Ajouter le jus de citron sur la purée de sésame et la pincée de sel, puis mélanger. La pâte s'épaissit alors. Ajouter l'eau et bien remuer, elle se dilue un peu. En fonction de l'onctuosité que l'on désire, ajouter plus ou moins d'eau.

Sauce à la coriandre

- **1 cc de purée de sésame**
- **1 cs de miso**
- **2 cs de coriandre hachée**
- **Un filet de jus de citron**
- **Un filet d'eau**

Verser le jus de citron sur la purée de sésame, mélanger. Ajouter le miso et le filet d'eau. Remuer à nouveau, puis ajouter la coriandre hachée.

Crème de fromage aux noix

- **1 cc de ricotta**
- **1 cc de fromage de chèvre mi-sec**
- **5 cerneaux de noix grillées**
- **Quelques feuilles de basilic frais**

Mixer tous les ingrédients dans un robot jusqu'à ce que la crème devienne homogène et lisse. Si elle semble trop épaisse, ajouter quelques gouttes d'eau.

Houmous de petits pois

- **140 g de petits pois très fins congelés (crus)**
- **50 g de tofu**
- **2 cs d'huile d'olive**
- **1 grosse cs de purée de sésame**
- **Quelques pincées de sel**
- **Quelques feuilles de menthe fraîche**

Dans le bol du robot, mettre tous les ingrédients et mixer jusqu'à ce que la crème soit homogène et lisse.
Ce houmous se conserve deux jours au frigidaire si les petits pois sont congelés. S'ils sont frais, la crème peut se conserver un ou deux jours de plus.

Sauce tamari

- **1 cs de tamari**
- **1 cs de jus de citron**
- **1 cc de miel**
- **1 cs d'huile de sésame**

Mélanger tous les ingrédients dans une mini-boîte ou un petit pot de yaourt qui ferme bien et agiter énergiquement jusqu'à ce que le mélange s'homogénéise.

Crème d'artichauts

- **100 g de cœurs d'artichauts en boîte (environ 2 ou 3 cœurs)**
- **1 petite gousse d'ail**
- **40 g de tofu égoutté**
- **3 cs d'huile de colza (ou de noisette)**
- **½ cc de zeste de citron finement râpé**
- **Quelques pincées de sel**
- **Le jus d'½ citron (petit)**

Mixer tous les ingrédients dans un robot afin que la crème devienne homogène et lisse.

Houmous traditionnel

- **100 g de pois chiches**
- **1 petite gousse d'ail**
- **3 cs de jus de citron**
- **2 cs de purée de sésame**
- **1 cs d'huile d'olive**
- **Une pincée de cumin en poudre**

Mixer les pois chiches (de préférence après avoir retiré la peau en les frottant entre les doigts), avec l'ail, le jus de citron, la purée de sésame, l'huile d'olive et le cumin jusqu'à obtenir une consistance homogène.

Pistou de tofu

- **Une quinzaine de feuilles de basilic frais**
- **1 poignée de pignons grillés**
- **1 petite gousse d'ail**
- **60 g de tofu**
- **5 cs d'huile d'olive**
- **Une pincée de sel**

Mettre tous les ingrédients dans le bol du robot et mixer afin que la crème soit bien lisse.

Crème de fromage

- **5 cs de fromage de chèvre frais**
- **1 petit bouquet de ciboulette hachée**
- **3 cs de radis blanc (doux) râpé**
- **Le jus d'½ citron**
- **Une pincée de sel**
- **Une pincée de poivre**

Écraser à la fourchette le fromage de chèvre frais. Ajouter la ciboulette hachée menu et le radis blanc râpé. Assaisonner avec le jus de citron, le sel et le poivre. Bien mélanger.

Crème de thon

- **2 grosses cs de thon à l'huile (égoutté)**
- **1 petit bouquet de persil**
- **½ échalote hachée**
- **1 cc de fromage de brebis frais**
- **Une pincée de poivre**

Mélanger tout les ingrédients dans un bol et mixer jusqu'à ce que la crème devienne homogène et lisse. À déguster !

RECETTES DE PIQUE-NIQUES

Oh mes tartines !

Une chose est sûre : ils en raffolent !
Alors, variez les types de pains et optez pour les farines anciennes : le froment (le plus courant), mais aussi l'épeautre, le petit épeautre, le quinoa, le sarrasin.
Si le pain est au levain (plus diététique que la levure) et agrémenté de graines, de noix, d'olives ou de fruits secs, c'est encore mieux !

Tartines des champs

- **2 tranches de pain bio complet de préférence au levain ou petits pains à la carotte (recette p. 15)**
- **½ avocat mûr**
- **1 grosse cs de fromage de chèvre frais**
- **1 cc de paillettes d'algues**
- **Quelques feuilles de basilic**
- **Un filet de jus de citron**

Écraser un demi-avocat mûr sur une assiette avec le jus de citron et le fromage de chèvre.
Aromatiser de quelques feuilles de basilic frais hachées finement et de paillettes d'algues.
Étaler sur les tartines de pain et fermer en sandwich.

La levure classique de boulangerie donne une fermentation alcoolique rapide alors que le levain naturel offre une fermentation lactique plus lente et donc plus digeste. Préférez donc le pain au levain. **Le citron** permet de conserver la vitamine C des aliments plus longtemps et de garder l'avocat bien vert (ne noircit pas).

Doigts de printemps

- **2 tranches de pain complet aux graines**
- **1 tranche de jambon cuit**
- **Quelques pousses d'épinard frais**
- **Un peu de beurre au lait cru ou crème de tahin (recette p. 21)**

Étaler sur les tranches de pain une fine couche de beurre cru (ou de crème de tahin), puis déposer dessus une tranche de jambon (si elle est très fine, la plier en deux), ajouter quelques pousses d'épinard et refermer les tartines.
Découper ensuite la tartine en deux ou trois doigts de printemps plus faciles et plus amusants à déguster.

Lorsque j'utilise du **beurre**, je privilégie le beurre au lait cru qui a conservé tous les nutriments du lait et qui contient beaucoup de vitamines A et E facilement assimilables. Pour **le jambon cuit**, achetez-le de préférence sans conservateurs et autres protéines de lait ajoutées. Certaines marques ne contiennent que du porc et du sel, demandez à votre boucher artisan.

Tartines d'été

- **2 tranches de pain d'épeautre ou petits pains aux graines (recette p. 17)**
- **½ verre de petits pois frais ou congelés**
- **1 belle tranche de fromage de brebis (type Etorki ou Petit Basque)**
- **1 branche de persil**
- **Quelques tiges de ciboulette**
- **1 cs d'huile de colza**

LA VEILLE Dans une casserole, faire bouillir de l'eau et y jeter une poignée de petits pois congelés (des frais, c'est encore mieux !), puis laisser cuire pendant deux minutes. Dans un bol, verser les petits pois cuits et égouttés, le persil, la ciboulette, l'huile de colza et mixer le tout.

LE JOUR J Tartiner ensuite le mélange préparé la veille sur les tranches de pain et déposer une tranche de fromage de brebis, fermer le sandwich. Pour le décor, on peut même nouer une tige de ciboulette pour entourer le sandwich !

Préférez **les fromages frais** et fabriqués à partir de lait cru aux fromages fondus, que j'appellerais « reconstitués », aux emballages souvent attractifs mais pleins d'additifs dont on préfère se passer (protéines de lait, conservateurs, poudre de lactosérum et une gamme de Exxx nocifs).

Chiffonnade des îles

- **1 petit pain pita bio**
- **1 fleur de courgette découpée en chiffonnade (à défaut, une branche de persil)**
- **½ avocat mûr**
- **4 ou 5 noix de macadamia hachées**
- **1 cs de graines germées d'alfalfa**

Hacher finement la fleur de courgette et les noix de macadamia.
Découper l'avocat en petits morceaux.
Étaler sur la pita les morceaux d'avocat, la fleur de courgette, les graines germées et enfin les noix de macadamia. Refermer et déguster !

Comme je l'ai évoqué dans mon premier livre *Mon bébé mange bio*, **les graines germées** sont de l'énergie vitale : un excellent apport en vitamines, minéraux, oligoéléments et acides aminés. Alors, si vous ne vous y êtes pas encore mis : à vos germoirs ! En effet, les graines, une fois trempées dans l'eau, reprennent leur croissance et voient leurs processus biochimiques accélérés par la germination. Puisqu'elles sont encore vivantes lorsque nous les consommons, elles peuvent nous transmettre tout leur potentiel vital.
N'hésitez pas à les faire germer vous-mêmes, c'est très simple et les enfants adorent les voir pousser ! Laissez-les s'en occuper, ils seront ravis.

Bocadillo español

- **2 fines tranches de pain complet**
- **1 œuf**
- **Quelques dés de légumes : carotte, courgette, haricot vert, poivron…**
- **Un peu d'huile de sésame**
- **Une pincée de sel**

LA VEILLE Battre l'œuf dans un bol avec la pincée de sel. Découper les légumes choisis en petits dés fins et les faire revenir avec un peu d'huile de sésame dans une poêle. Lorsqu'ils sont tendres (mais pas trop cuits), renverser l'œuf par-dessus et cuire l'omelette pendant quelques minutes. La laisser refroidir, puis la mettre au frigo.

LE JOUR J Déposer sur les tartines l'omelette aux légumes. Servir avec quelques crudités.

Il est toujours judicieux d'alterner les huiles, que ce soit pour la cuisson ou l'assaisonnement. **L'huile de sésame** supporte bien la chaleur, je la privilégie pour faire frire ou revenir quelques légumes. Notez qu'il en faut très peu car elle est fluide et s'étale très vite. J'aime son goût plus prononcé, surtout dans les woks de légumes. L'huile de sésame, comme celle de colza, se conserve au réfrigérateur.

Bagel saumoné

- **1 bagel à la farine complète**
- **1 cs de fromage aux herbes frais**
- **1 petite tranche de saumon fumé bio**
- **1 cc de ciboulette hachée**
- **Quelques feuilles de mâche ou de salade de blé**

Couper le bagel en deux parties, y tartiner le fromage frais. Ajouter le saumon, la ciboulette et la mâche. Fermer le sandwich.

Du poisson deux fois par semaine, c'est parfait pour grandir ! Mais n'abusez pas de poissons gras d'élevage qui contiennent facilement des traces de métaux lourds pouvant nuire à la santé. Préférez donc le saumon sauvage (ou bio), bien sûr plus onéreux, mais que l'on consommera moins souvent qu'un saumon de qualité inférieure. Encore mieux : mangez plutôt des poissons sauvages tels que la sardine et le maquereau (mais leur goût est plus prononcé).

Tartines de la mer

- **2 tartines de pain aux graines (recette p. 17)**
- **¼ d'avocat**
- **1 cs de tartare d'algues (acheté tout préparé)**
- **Quelques rondelles de concombre**
- **Quelques gouttes de jus de citron**

Écraser l'avocat à la fourchette avec le jus de citron.
Tartiner sur une tranche de pain le tartare d'algues et sur l'autre, l'avocat écrasé.
Y déposer ensuite de fines tranches de concombre (garder la peau si celui-ci est bio).
Refermer et glisser dans la boîte à tartines.

Les algues, riches en protéines végétales, vitamines et minéraux, sont une source d'acides gras essentiels pour aider l'enfant à lutter contre les infections. Ces acides gras poly-insaturés ont un rôle fondamental dans le développement du cerveau et de la vision.

Tartines d'eau douce

- **1 part de foccacia coupée dans le sens de la longueur**
- **1 filet de truite fumée sans arête**
- **1 cc de fromage frais**
- **½ cc d'algues en paillettes**
- **Quelques feuilles de mâche ou de salade de blé**
- **Quelques feuilles de coriandre fraîche**

Étaler une fine couche de fromage frais sur la foccacia pour aider à coller le filet de truite fumée et les feuilles de mâche au pain.
Saupoudrer de paillettes d'algues, puis parsemer de feuilles de coriandre fraîche hachées. Refermer la foccacia.

Si l'enfant n'a pas l'habitude de manger des filets de poisson entiers, écrasez-les avec le fromage à la fourchette (ou mixez-les pour plus d'onctuosité) avec une cuillère à soupe de fromage frais pour en faire une sorte de mousse facile à étaler.

Pita orientale

- **1 pain pita (complet de préférence) ou petits pains aux légumes (recette p. 18)**
- **3 ou 4 tomates cerises coupées en deux**
- **Quelques rondelles de concombre**
- **1 poignée de pois chiches cuits, égouttés et pelés**
- **1 branche de persil et 1 branche de coriandre**
- **1 cc de tahin et 1 cs d'huile d'olive**
- **Le jus d'½ citron et une pincée de sel**

LA VEILLE Mettre les pois chiches, le jus de citron, le tahin, l'huile d'olive, le sel, les branches de persil et de coriandre dans le robot mixeur et mixer le tout. Goûter et assaisonner de nouveau en fonction de vos préférences (plus ou moins citronné).

LE JOUR J Étaler une bonne couche sur la pita coupée en deux et disposer les moitiés de tomates cerises et les rondelles de concombre. Refermer. Miam !

Le blé contenu dans le pain pita et les pois chiches du houmous, traditionnelle recette libanaise, constituent un excellent apport de protéines végétales complètes pour vos enfants. Si ceux-ci n'aiment pas les pois chiches, on peut remplacer le houmous par une crème de tahin.

Tartines du pêcheur

- **2 tranches de pain noir (type pain allemand ou rugbrød danois)**
- **2 cs de fromage de chèvre frais aux herbes**
- **2 petites sardines nature**
- **Quelques feuilles de mâche ou quelques pousses d'épinard frais**
- **Quelques feuilles d'endive ou de chicon**
- **Une pincée de cumin en poudre**
- **Une pincée de curcuma en poudre**

Dans un bol mixeur, déposer les sardines, le fromage de chèvre, le cumin et le curcuma. Mixer le tout.
Étaler cette crème sur les tartines de pain noir, puis disposer les feuilles de mâche ou d'épinard et refermer.

La sardine est un poisson riche en vitamines, en sels minéraux (entre autres le calcium), en oligoéléments et une excellente source d'oméga-3 (acides gras poly-insaturés). Elle contient aussi de la vitamine D et B 12. Comme elle est sauvage (et non de culture), elle ne contient normalement pas de polluants type métaux lourds. On peut donc en consommer régulièrement. On la choisira à l'huile ou nature en fonction de la matière grasse déjà présente dans la recette. Ici, comme je propose de la mixer avec du fromage, je la préfère nature.

Tartines des pâturages

- **2 tranches de pain multicéréales ou petits pains à la carotte (recette p. 15)**
- **3 ou 4 tranches de viande des grisons bio**
- **Quelques feuilles de roquette**
- **3 tomates cerises**
- **1 cs d'alfalfa germée**
- **1 petit morceau de beurre au lait cru**

Étaler une fine couche de beurre au lait cru sur les tranches de pain, ajouter les tranches de viande des grisons, les feuilles de roquette, les tomates cerises coupées en deux et les germes d'alfalfa. Refermer et bien appuyer pour que les tartines ne s'ouvrent pas dans la boîte.

Préférez des boîtes à tartines minces et longues afin que les tranches de pain ne dansent pas la java dans les cartables. Moi j'utilise des boîtes plutôt petites, dans lesquelles je dépose les tartines coupées en deux ou trois morceaux afin de les caler. Sinon, pour ne pas utiliser trop de papier aluminium ou de film plastique (très polluants), on peut aussi simplement tenir le sandwich bien serré avec un élastique que l'on réutilise. Les enfants deviennent joyeusement écolo si on les sensibilise tôt à la consommation modérée d'eau, de sacs en plastique, de produits de vaisselle, etc.

Tartines de la ferme

- ¼ (ou ⅓) de baguette tradition aux céréales
- 4 ou 5 morceaux de poulet cuit et froid
- Quelques lamelles de poivron rouge
- Quelques grains de maïs (en boîte)
- Quelques feuilles de coriandre
- ½ cc de beurre de cacahouète

LA VEILLE Cuire le poulet et, une fois refroidi, le mettre au frigo.

LE JOUR J Tartiner sur la baguette ouverte le beurre de cacahouète. Déposer les morceaux de poulet, le poivron découpé en lamelles fines, les grains de maïs et la coriandre hachée. Refermer.

Le beurre de cacahouète est un aliment très nutritif. Il constitue une bonne alternative de protéine (environ 27%) non animale, d'autant plus que ses graisses sont mono-insaturées. Il peut se consommer comme un en-cas salé avec des tranches de concombre ou d'autres crudités, mais aussi sucré avec quelques raisins secs par exemple.

Tartines de l'épuisette

- **2 tranches de pain noir (type pain allemand ou rugbrød danois)**
- **1 cs de petites crevettes grises**
- **¼ d'avocat découpé en lamelles**
- **Quelques feuilles de chicon (d'endive)**
- **4 cerneaux de noix**
- **Quelques gouttes de jus de pamplemousse**

Étaler l'avocat en l'écrasant sur les tranches de pain. Parsemer des crevettes grises et des cerneaux de noix hachées. Déposer quelques gouttes de jus de pamplemousse en pressant directement le fruit au dessus du pain. Recouvrir de feuilles de chicon et bien refermer.

De manière générale, privilégiez **les pains à la farine complète** (type 150 ou 110), multicéréales ou aux graines. Ils contiennent plus de minéraux, de fibres et donc d'énergie. Le pain blanc, constitué essentiellement d'amidon, est un apport de calories dites « vides ». Pauvre en minéraux, trop riche en sel, bourré de glucides (souvent jusque 85 %), il donne un coup de tonus sur le moment, mais l'organisme en manque de sucre ressent rapidement un coup de fatigue. Mieux vaut donc trouver des pains qui nous font du bien et, seulement de temps en temps, se faire plaisir en mangeant de la foccacia ou de la baguette de pain blanc.

Tartines direction le sud

- **1 portion de pain foccacia**
- **4 ou 5 lamelles de parmesan**
- **1 cs de tapenade de tomates séchées**
- **1 cc de pignons de pin grillés**
- **Quelques feuilles de roquette**
- **Quelques lamelles de courgette**
- **Quelques feuilles de basilic**

Couper la foccacia dans le sens de la longueur, puis étaler un peu de tapenade de tomates sur les deux faces. Déposer les feuilles de basilic entières, puis les lamelles de parmesan et les lamelles de courgette crue préalablement découpées finement à l'aide d'un économe (épluche-légumes). Parsemer de pignons, puis recouvrir de feuilles de roquette. Refermer.

L'idéal serait que les tartines du déjeuner – ou du dîner comme on dit en Belgique ou en Suisse – contiennent bien des légumes, des féculents, des graisses et des protéines (animales ou végétales: céréales, légumineuses, légumes, fruits et algues). Les graisses peuvent être d'origine animale (fromage, viande, poisson) ou végétale (noix, amande, noisette, sésame, graines de tournesol, de courge, etc.).

Pita orange

- **1 pain pita à la farine complète**
- **1 grosse cs de potimarron (ou potiron)**
- **1 tranche de jambon artisanal (au torchon)**
- **1 grosse cc de crème de tahin préparée (recette p. 21)**
- **Une pincée de noix de muscade**
- **Quelques brins de coriandre**
- **1 cc de graines d'alfalfa germées**

LA VEILLE Cuire le potimarron à la vapeur et, quand il est encore chaud, l'écraser à la fourchette, puis le laisser refroidir. Ajouter ensuite la crème de tahin, la noix de muscade et la coriandre hachée, et bien mélanger.

LE JOUR J Étaler cette crème sur la pita coupée partiellement en deux (elle se referme mieux si on ne l'ouvre que sur une moitié), puis insérer la tranche de jambon et enfin les graines germées. Refermer.

Servir avec quelques feuilles de chicon (endive) bien arrondies et que l'on aura garnies de tartare d'algues (s'achète tout prêt en magasin bio).

Les graines d'alfalfa ont un goût particulièrement doux dont raffolent mes loustics. Elles sont également très riches en protéines, en sels minéraux (essentiellement calcium, fer, magnésium, potassium et phosphore) et constituent une source incroyable de vitamines A, B1, B2, B12, C, D et E et de bêta-carotène. Les enfants adorent les manger avec les doigts, comme un snack.

Bagel au thon

- **1 bagel à la farine complète**
- **2 grosses cs de thon à l'huile**
- **1 cc de fromage de brebis frais**
- **½ tomate**
- **½ échalote hachée**
- **1 petit bouquet de persil**
- **Une pointe de poivre**

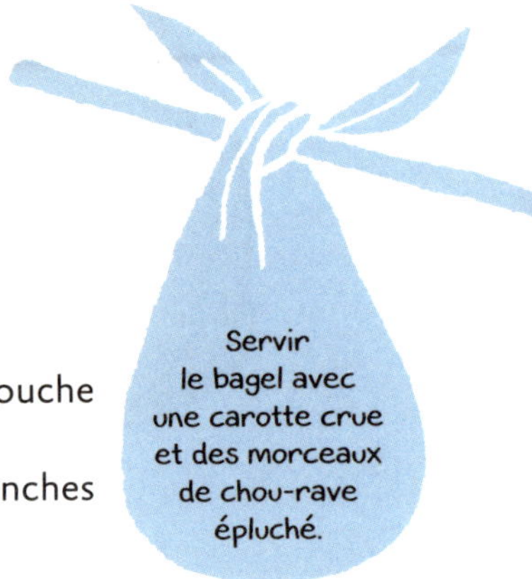

Couper le bagel en deux et étaler une bonne couche de crème au thon (recette p. 25).
Découper finement la tomate et étaler les tranches sur la crème. Refermer le bagel.

On trouve facilement en supermarché des herbes aromatiques congelées bien pratiques à utiliser sur les tartines. Plus tôt les enfants les goûtent, plus tôt ils s'y habituent et apprécient la découverte de nouvelles saveurs. Si l'un de vos rebords de fenêtre peut accueillir une jardinière, pourquoi ne pas planter avec vos enfants quelques herbes aromatiques ? Quelle joie d'aller cueillir eux-mêmes les herbes qui agrémentent leurs repas !

Tartines Seitan de manger !

- **2 tranches de pain multicéréales ou petits pains aux légumes (recette p. 18)**
- **60 g de seitan**
- **1 tomate**
- **1 cc de crème de tahin (recette p. 21)**
- **Quelques feuilles de salade**

LA VEILLE Faire revenir dans une poêle le seitan découpé en tranches fines dans 2 cuillères à soupe de sauce tamari (recette p. 23), et cuire jusqu'à ce qu'il dore. Laisser refroidir et mettre au frigo.

LE JOUR J Étaler une fine couche de tahin sur les deux tranches de pain, puis disposer les morceaux de seitan cuits. Ajouter la tomate découpée en morceaux et les feuilles de salade. Refermer.

Le seitan est un aliment fabriqué à base de protéines de blé (attention donc aux intolérants au gluten). Riche en protéines (30 %), il ne contient quasiment pas de graisse. On peut l'acheter nature, il est alors meilleur mariné ou grillé dans des épices ou une sauce. On le trouve aussi déjà préparé, sous forme de burgers, de galettes, etc.

Baguette
Tu es mon cœur de palmier

- **1 mini-baguette de céréales complètes**
- **50 g environ de cœurs de palmier**
- **1 petit oignon de printemps**
- **2 petites tranches de comté**
- **1 grande feuille de salade et 1 branche de persil**
- **Un filet de jus de citron et 1 cs d'huile d'olive**

LA VEILLE Mixer dans un bol les cœurs de palmier, l'oignon, le jus de citron, le persil et l'huile d'olive jusqu'à ce que la crème devienne homogène. Mettre au frigo dans un pot à confiture fermé.

LE JOUR J Ouvrir en deux la baguette et badigeonner les deux faces de crème aux cœurs de palmier. Disposer les tranches de comté par-dessus, la feuille de salade et refermer.

Les cœurs de palmier ont un goût très doux. C'est un délice dans un grand nombre de recettes. Les conserves de cœur de palmier sont très faciles d'emploi. En dernière minute dans une salade, dans une crème, ou directement sur du pain, comme on le ferait avec du concombre. Pour varier du quotidien, on peut aussi les placer simplement dans une mini-boîte.

Tartines Coco quornée

- **2 tartines de pain noir**
- **¼ d'avocat et 60 g de quorn découpé en petits morceaux**
- **½ cc de sauce tamari**
- **1 petite carotte râpée et quelques lamelles de poivron rouge**
- **½ cc de vinaigre balsamique et 1 cc de beurre de coco**
- **Quelques gouttes de jus de citron**

LA VEILLE Faire griller le quorn nature dans le beurre de coco. Après quelques minutes, verser le vinaigre balsamique et la sauce tamari, et laisser dorer une ou deux minutes de plus. Si les matins sont *speed*, râper déjà la carotte et couper le poivron en lamelles (sinon, c'est plus frais le jour même). Mettre le tout au frigo.

LE JOUR J Écraser l'avocat avec le citron à la fourchette et l'étaler sur les deux tranches de pain. Ajouter le quorn refroidi, le poivron et la carotte, et refermer.

Le poivron est de loin le légume le plus riche en vitamines C, juste avant les choux et les épinards. Un morceau de poivron rouge à croquer permet de couvrir une bonne partie de nos besoins quotidiens en vitamines C. Préférez le poivron rouge qui est arrivé à maturité et possède presque deux fois plus de vitamines que son petit frère vert qui n'est pas encore mûr.

Baguette à cornes

- ½ baguette à la farine complète
- Environ 60 g de quorn
- ½ cc d'épices de votre choix (curry, cumin, coriandre, paprika, piment, etc.)
- 1 cs de tomates séchées dans l'huile
- 1 cc de parmesan râpé
- Quelques pousses d'épinard
- Un filet d'huile de sésame
- Une pincée de sel et de poivre

LA VEILLE Dans une poêle, faire revenir les épices avec un filet d'huile de sésame sans les brûler. Découper le quorn en petits morceaux (ou lamelles) et les faire griller dans les épices. Saler et poivrer légèrement. Laisser refroidir.

LE JOUR J Couper la baguette en deux et déposer sur les deux faces des petits morceaux de tomates séchées, le parmesan, puis les pousses d'épinard. Parsemer de morceaux de quorn refroidis et bien refermer le sandwich.

Riche en protéines, **le quorn** s'avère moins gras et moins calorique que les viandes les plus maigres. Totalement dénué de cholestérol, il présente aussi un meilleur profil lipidique que la viande, un peu comme le poisson : plus de graisses insaturées (et notamment de précieux oméga-3) et moins de graisses saturées. En plus de son apport protéiné, le quorn contient des fibres (6 g pour 100 g), alors que, par exemple, la viande, le poisson, les œufs et la volaille n'en apportent pas. Je conseille de le cuisiner car son goût nature est assez fade, il est délicieux grillé une fois mariné. En somme, il se cuisine comme du poulet.

Mmm
mes salades !

Concocter une salade pour les enfants, ce n'est pas sorcier ! Il s'agit juste de penser à quelques aliments agréables à manger qui les feront bien grandir. Les recettes suivantes, sans gluten et la plupart sans lactose, offrent une alternative intéressante aux sempiternelles tartines au fromage.

Salade
Et si on jouait aux dames ?

- **1 poignée de lentilles vertes ou noires**
- **1 poignée de riz basmati semi-complet**
- **Quelques olives noires ou vertes (pas trop salées)**
- **1 grosse cs de maïs en boîte**
- **1 branche de persil**
- **1 cc de gomasio**
- **2 cs d'huile de colza**
- **Un peu de jus de citron**

QUELLES PROPORTIONS?
- 1/3 de lentilles + 2/3 de riz
- ou 1/3 de pois chiches (ou de houmous) + 2/3 de couscous
- ou 1/3 d'azukis + 2/3 de quinoa

LA VEILLE Cuire les lentilles et le riz séparément, et laisser refroidir.

LE JOUR J Dans un saladier, prendre une petite portion de riz et de lentilles. Mélanger. Ajouter quelques olives noires, une branche de persil haché et une grosse cuillère à soupe de maïs. Assaisonner d'huile de colza, de jus de citron et de gomasio.

Pour obtenir des protéines complètes à partir de protéines végétales (c'est-à-dire contenant les huit acides aminés essentiels au bon fonctionnement du corps humain), préférez les associations légumineuses + céréales.

Salade Mon sac de billes

- **1 poignée de petits pois (congelés ou frais)**
- **3 grosses cs de quinoa cuit et refroidi**
- **1 cs de feta émiettée**
- **3 feuilles de menthe fraîche**
- **Quelques feuilles de cresson hachées**
- **1 cs d'huile d'olive**
- **Un filet de vinaigre de cidre**

LA VEILLE Cuire les petits pois pendant quelques minutes à la vapeur. Cuire le quinoa dans une casserole. Laisser refroidir les petits pois et le quinoa. Les mettre au frigo.

LE JOUR J Dans un saladier, mélanger la feta, la menthe, le cresson, les petits pois et le quinoa. Assaisonner d'huile d'olive et d'un mince filet de vinaigre de cidre.

Ayez toujours une boîte de **petits pois** bio dans votre congélateur ! Les petits pois sont prêts en trois minutes, ils colorent et adoucissent bien des menus. Faites tremper vos légumineuses (fèves, lentilles, pois chiches, azukis, haricots secs, etc.) la veille dans l'eau froide afin qu'elles commencent à germer. Cela réduira le temps de cuisson et en facilitera leur digestion.

Salade Chipons du maïs dans les champs

- **1 petite portion de pâtes de maïs (sans gluten)**
- **⅓ de courgette**
- **Une dizaine de noisettes effilées**
- **1 cc d'huile de pépins de courge et 1 cc d'huile d'olive**
- **1 petite branche de basilic haché**
- **1 cc de gomasio**
- **Un filet de jus de citron**

LA VEILLE Dans une casserole, cuire les pâtes de riz noir. Pour ne pas qu'elles collent, verser un filet d'huile de colza quand elles sont encore chaudes. Les laisser refroidir puis les mettre au frigo.

LE JOUR J Râper plutôt grossièrement le tiers de courgette crue et l'arroser d'un filet de jus de citron. Dans un saladier, mélanger les pâtes, le basilic, les noisettes effilées, la courgette râpée et le gomasio, et arroser d'un filet d'huiles d'olive et de pépins de courge.

L'huile de pépins de courge, au goût assez prononcé, est particulièrement riche en oligoéléments (fer, cuivre, zinc, manganèse) et en vitamines E, B et C. Elle se consomme uniquement crue. Je la conserve au réfrigérateur.

Salade Il fait tout noir

- **1 portion de pâtes de riz noir (50 ou 60 g)**
- **4 tomates cerises coupées en deux**
- **1 petite poignée de pousses de soja et 1 branche de persil**
- **1 cs de copeaux de parmesan et d'huile de colza**
- **Un filet de jus de citron**

LA VEILLE Cuire les pâtes de riz noir et les laisser refroidir. Pour ne pas qu'elles collent, verser un filet d'huile de colza quand elles sont encore chaudes.

LE JOUR J Couper les tomates cerises en deux, rincer les pousses de soja. Hacher le persil et couper quelques copeaux de parmesan à l'épluche-légumes. Mélanger tous les ingrédients et en garnir la boîte à tartines.

Alternez les céréales pour ne pas manger exclusivement du gluten (c'est-à-dire du blé, de l'avoine, de l'orge, du seigle, du kamut et de l'épeautre). Si on observe ce que l'on mange le plus généralement, on se rend compte que ce sont essentiellement des aliments à base de farine de blé : le cous-cous, les pâtes, le pain, la pizza, les pâtes à tarte, etc. Alors que c'est si simple d'alterner, par exemple, différentes sortes de pâtes. On en trouve facilement au sarrasin, au maïs et au riz. Ma fille aime les pâtes « blanches » (à base de riz, de maïs ou de blé) alors que mon fils préfère les pâtes « noires » (à base de sarrasin ou de riz noir). Donc chez nous, on tourne pour plaire à chacun.

Salade comme le corail sous la mer

- **1 poignée de riz complet et 1 poignée de lentilles corail**
- **Une vingtaine de haricots verts**
- **1 cs de graines de tournesol**
- **2 cs d'huile de colza et 1 cs d'omégasio**
- **Un filet de vinaigre de cidre**

LA VEILLE Cuire séparément le riz complet, les haricots verts et les lens tilles corail. Ces dernières ont tendance à se réduire en purée lors-qu'elles sont cuites, les cuire pendant quelques minutes de moins qu'indiqué sur le paquet et retirer l'excédent d'eau. Laisser refroidir et glisser au frigo. Découper les haricots en petits tronçons et réserver au frigo également.

LE JOUR J Mélanger le riz, les lentilles, les haricots verts, les graines de tournesol, l'omégasio, le vinaigre et l'huile. Pour les gourmands, on peut aussi ajouter trois dattes découpées en morceaux.

L'omégasio, riche en oméga-3 et 6, contient des graines de lin blanc, de courges, de chanvre, des cerneaux de noix et un peu de sel marin. À consommer facilement sur les soupes, les salades et à saupoudrer sur les tartines avant de les refermer !

Salade pour aller chercher le soleil

- **1 grosse carotte**
- **1 grosse cs de pois chiches cuits et pelés**
- **4 dattes coupées en morceaux**
- **2 cs d'amandes effilées et grillées (petite boîte à part)**
- **Quelques feuilles de menthe fraîche**
- **1 cs d'huile d'olive et une pointe de miel**
- **Une pincée de cumin en poudre**
- **Un filet de jus de citron et une pincée de sel**

LA VEILLE Râper la carotte, découper les dattes en petits morceaux et rincer les pois chiches à l'eau claire. Réserver séparément au frigo.

LE JOUR J Hacher la menthe. Mélanger tous les ingrédients (sauf les amandes effilées) et ajouter l'assaisonnement : poudre de cumin, jus de citron, sel et huile d'olive. Garnir une mini-boîte étanche.

Pour que les amandes restent croustillantes et que l'enfant s'amuse à parsemer sa salade lui-même, placez-les dans une mini-boîte à ajouter sur la salade en dernière minute. Ils seront ravis de faire leur dînette.

Salade de la rentrée

- **½ verre de quinoa**
- **½ chou-rave très frais (petite taille)**
- **1 cs de jus de citron**
- **½ pomme**
- **2 cs de pignons grillés**
- **1 cc de sauce soja**
- **2 cs d'huile de colza**

LA VEILLE Dans une casserole, cuire le quinoa et le laisser refroidir. Éplucher le chou-rave et la demi-pomme (si elle est bio, garder la peau !). Les râper dans un saladier, puis verser immédiatement dessus une cuillère à soupe de jus de citron. Griller quelques minutes à feu doux les pignons et les laisser refroidir. Réserver le tout au frigo.

LE JOUR J Mélanger tous les ingrédients et parsemer d'huile de colza et de sauce soja. S'il préfère, l'enfant peut aussi ajouter les graines de pignons lui-même au moment de manger.

On trouve sur le marché une grande variété de **sauces soja**. J'en choisis une bio avec peu de sel et de préférence sans blé. Idéalement, elles ne contiennent que de l'eau, du sel, des fèves de soja et éventuellement un ferment. Certains enfants en trouvent le goût trop prononcé. Dans ce cas, coupez avec de l'eau ou bien remplacez par une petite pincée de sel ou un peu de gomasio.

Salade pour danser la salsa

- ⅓ de verre de riz blanc
- ⅓ de haricots rouges cuits
- ⅓ de verre de grains de maïs
- ½ ou ⅓ de banane pas trop mûre (en fonction de la taille)
- 1 cs de vinaigre balsamique
- 1 cs de coriandre fraîche hachée
- 1 cc de jus de citron
- 2 cs d'huile d'olive

LA VEILLE Dans une casserole, cuire le riz blanc. Cuire à part les haricots rouges (ou les égoutter s'ils sont en conserve). Laisser refroidir et mettre le tout au frigo.

LE JOUR J Couper le morceau de banane en morceaux (pas trop petits sinon ils finiront en purée). Mélanger les autres ingrédients et assaisonner d'huile, de vinaigre et de coriandre. Disposer dans une boîte à tartines la demi-banane coupée en morceaux et arroser de la cuillère à café de jus de citron pour ne pas qu'elle noircisse. Proposer à votre enfant d'ajouter lui-même la banane à la salade avant de manger.

Salade de l'autre bout du monde

- **½ tasse d'azukis cuits (sorte de haricots rouges)**
- **5 ou 6 petits radis rouges ou autant de rondelles de radis blancs (non piquants)**
- **6 cerneaux de noix**
- **½ avocat pas trop mûr**
- **1 cc de gomasio et de coriandre fraîche hachée**
- **1 cc de vinaigre de cidre**
- **2 cs d'huile d'olive**

LA VEILLE Cuire et laisser refroidir les graines d'azuki. Découper les radis rouges ou blancs et les cerneaux de noix en petits morceaux. Réserver le tout au frais.

LE JOUR J Hacher la coriandre, découper l'avocat en petits morceaux. Mélanger tous les ingrédients avant d'assaisonner de vinaigre de cidre, d'huile d'olive et de gomasio.

Les azukis, particulièrement digestes et nutritifs, sont très appréciés des enfants pour leur saveur douce. Originaire de Chine et très populaire au Japon, cette légumineuse est fréquemment utilisée en pâtisserie. Pour les cuisiner, laissez-les tremper dans de l'eau toute une nuit, jetez l'eau de trempage et faites-les cuire pendant 45 minutes à feu doux dans un grand volume d'eau. Je prends donc l'habitude de les cuire la veille et je les cuisine le lendemain matin en salade (on peut en garder une portion pour faire une autre recette le jour suivant).

Salade tricolore

- **½ tasse de trio de quinoa (rouge, blanc, noir)**
- **1 cc de baies de goji**
- **4 ou 5 radis rouges (non piquants)**
- **1 cs de petits pois à peine cuits**
- **¼ de pomme croquante**
- **1 cc de graines de sésame grillées**
- **Quelques branches de persil**
- **Un filet de vinaigre de cidre**
- **Un filet d'huile de colza**

LA VEILLE Faire tremper les baies de goji dans un verre d'eau pendant une demi-heure. Dans une casserole, cuire le quinoa et le laisser refroidir. Hacher les radis rouges. Mettre tout au frais.

LE JOUR J Couper le quart de pomme et hacher le persil. Mélanger ensuite le quinoa, les radis, les petits pois refroidis, la pomme, le persil et les baies de goji. Arroser d'huile de colza et de vinaigre de cidre. Enfin, parsemer des graines de sésame.

La baie de goji est très riche en nutriments. Elle contient 18 sortes d'acides aminés dont 8 essentiels, 21 oligoéléments, des vitamines B1, B2, B6, C et E et même des protéines. Elle s'avère de meilleure qualité lorsqu'elle est cultivée sur les hauteurs de l'Himalaya et en agriculture biologique. Elle est remplie de vitamines et sa saveur sucrée en fait la joie des enfants. Une petite poignée par jour les aide à garder une bonne immunité.

Salade du poulailler

- **1 grosse poignée de haricots verts**
- **2 petites pommes de terre**
- **4 ou 5 œufs de caille (ou un œuf de poule)**
- **5 ou 6 olives noires dénoyautées**
- **Quelques cornichons**
- **Un filet d'huile de noix**
- **Un filet de jus de citron**

LA VEILLE Cuire à la vapeur les haricots et les pommes de terre, et les découper en morceaux. Les haricots seront meilleurs *al dente* (un peu croquants). Cuire les œufs de caille et les éplucher tièdes.
Laisser tout refroidir et mettre au frais.

LE JOUR J Au fond de la boîte à tartines, déposer les haricots verts, les pommes de terre, les œufs, les olives et les cornichons.
Assaisonner d'huile de noix et de jus de citron.

Par rapport à l'œuf de poule, **l'œuf de caille** est 5 fois moins gros, mais il contient 5 fois plus de phosphore, 7 fois plus de fer, 6 fois plus de vitamines B1 et 15 fois plus de vitamines B2. De préférence, achetez-le bio et consommez-le soit cuit soit cru (mélangez-le alors avec un peu de miel ou un jus de fruits et buvez-le liquide à jeun le matin). Tout ce qui est petit plaît souvent aux enfants. Les recettes aux œufs de caille apportent une pointe d'originalité dans leurs boîtes à tartines. Alors, ne les en privons pas !

Salade Bain de minuit

- **1 grosse poignée de lentilles corail**
- **2 poignées de millet**
- **1 petite betterave rouge crue**
- **1 cc de graines de courges grillées**
- **Quelques feuilles de coriandre**
- **1 cc de vinaigre balsamique**
- **Un filet d'huile d'olive**

LA VEILLE Rincer les lentilles corail, puis les déposer dans un récipient rempli d'eau chaude et les laisser tremper pendant quelques heures.
Dans une casserole, cuire le millet et le laisser refroidir.
Découper la betterave en petits morceaux. Mettre le millet et la betterave au frais.

LE JOUR J Égoutter les lentilles corail et les rincer à l'eau claire.
Dans un saladier, mélanger le millet, les lentilles, la betterave et les graines de courge. Assaisonner d'huile d'olive, de vinaigre balsamique et de coriandre fraîche.

Lorsque l'on fait tremper **les lentilles corail** toute une nuit, on peut commencer à voir pointer le bout du germe. Savez-vous que la germination multiplie jusqu'à mille fois les vitamines contenues dans les graines sèches ? Elles sont vivantes, pleines de minéraux et vitamines très bien assimilées par notre organisme. De plus, chargées d'enzymes, elles nous aident à mieux digérer les aliments avec lesquels on les consomme. Alors n'hésitons pas à les ajouter à nos recettes car elles tonifient tout notre organisme.

Salade Pêchons la crevette

- **⅓ d'un verre de kasha cuite (graines de sarrasin grillées)**
- **5 ou 6 grosses queues de crevettes cuites (ou 2 cs de petites crevettes grises pelées)**
- **1 tranche d'ananas frais ou en boîte**
- **1 cs de coriandre fraîche hachée**
- **Un filet de jus de citron**
- **2 cs d'huile de sésame**
- **Une toute petite pincée de citronnelle en poudre**

LA VEILLE Dans une casserole, cuire la kasha et la faire refroidir. Couper les queues de crevettes et la tranche d'ananas en petits morceaux. Garder le tout au frais.

LE JOUR J Hacher la coriandre. Dans un saladier, mélanger les ingrédients réfrigérés et assaisonner de jus de citron, d'huile de sésame et de citronnelle en poudre. Goûter, ajuster, déguster !

Le sarrasin, hautement nutritif et très facile à digérer, contient des protéines, des acides aminés, des vitamines, des fibres et des anti-oxydants. Il s'avère une excellente alternative au blé, pour les allergies ou pour les intolérances au gluten. On l'utilise pour faire des galettes, des crêpes, des salades...

Salade sur pattes

- **1 portion de pâtes de riz complet et de haricots verts**
- **30 g de tofu**
- **1 cs de feta émiettée**
- **3 tomates cerises**
- **Quelques feuilles de basilic**
- **1 cc d'huile de colza et de vinaigre de cidre**

LA VEILLE Cuire les haricots verts à la vapeur, puis les laisser refroidir. Dans un bol, mixer les haricots verts, le tofu découpé en petits morceaux, la feta, les feuilles de basilic, l'huile de colza et le vinaigre de cidre jusqu'à ce que la crème devienne homogène. Déposer la crème dans un petit pot à confiture. Dans une casserole, cuire les pâtes de riz et les laisser refroidir. Mettre le tout au frigo.

LE JOUR J Verser la crème sur les pâtes et bien mélanger. Découper les tomates cerises et les déposer dessus.

Variez les recettes de salades à base de « crèmes » faites maison : celle au thon (recette p. 25), celle au pistou (recette p. 24), celle au houmous de petits pois (recette p. 22), celle aux artichauts (recette p. 23), etc. Variez également les différentes sortes de pâtes (blé, riz, maïs, sarrasin...), de riz, de lentilles, ou alternez avec des pommes de terre ou des lentilles.

Et
mes galettes !

Et si on prenait le temps de se concocter des galettes ?
Ça change un peu ! On s'y met la veille, mais on en prépare un peu plus pour les surgeler.

À l'école, les boîtes à tartines ne sont pas toujours mises au frais, sortez les galettes du congélateur le matin même, elles se décongèleront pendant la matinée.

Galettes Ma Socca du soleil

Pour 4 à 6 galettes :

- **250 g de farine de pois chiches**
- **1 grosse poignée de persil haché**
- **4 cc d'huile d'olive**
- **Une pincée de sel**
- **Une pincée de poivre**
- **1 petite cc de poudre de curry**
- **Environ 50 cl d'eau**

Accompagner de deux *dips* maison : houmous de petits pois (recette p. 22) et crème tahin (recette p. 21).

Dans un saladier, mélanger la farine, le persil haché, le sel, le poivre, le curry et ajouter l'eau. Bien mélanger afin d'obtenir une pâte homogène, plus épaisse qu'une pâte à crêpes. Étaler une louche de pâte et la cuire comme une crêpe des deux côtés. Laisser refroidir complètement avant de couper la galette en quatre et de placer les morceaux dans la boîte à tartines.

Les galettes de socca sont riches en protéines et la sauce tahin (graines de sésame broyées) regorge de minéraux, dont le calcium, le magnésium, le potassium et le phosphore. Pour le fun de la dînette, on peut présenter les deux *dips* (« sauce à tremper ») dans des boîtes à tartines de couleurs différentes et éventuellement avec un petit couteau ou une cuillère pour étaler.

Miss Kasha la galette

Pour 3 à 5 galettes :

- **40 g de kasha cuite (graines de sarrasin grillées)**
- **1 œuf**
- **1 petit oignon blanc haché**
- **3 cs de fromage râpé (comté, tomme de chèvre ou de brebis, etc.)**
- **1 cs de coriandre fraîche hachée**
- **1 carotte râpée**
- **2 cs d'huile d'olive**
- **Une pincée de sel et de poivre**

Accompagner de quelques cerneaux de noix et de rondelles de concombre, de préférence empaquetés à part pour que ces dernières ne ramollissent pas la galette.

De manière générale, les galettes s'accompagnent très bien de quelque chose de croquant et de frais : concombres, lamelles de poivrons ou de pommes, tomates cerises, ou quelques feuilles de salade. Mes *zoziaux* adorent leurs cœurs jaune fluo !

Cuire la kasha dans de l'eau bouillante et la laisser refroidir. Hacher l'oignon et le faire revenir dans de l'huile d'olive pendant quelques minutes. Râper la carotte et le fromage. Dans un saladier, battre l'œuf et y ajouter la carotte râpée, la coriandre, l'oignon cuit, la kasha refroidie, le fromage, le sel, le poivre et l'huile d'olive. Mélanger le tout.

Sur une poêle huilée bien chaude, déposer une grosse cuillère à soupe du mélange et laisser cuire pendant quelques minutes. Retourner la galette quand celle-ci a bien doré et cuire l'autre côté.

Laisser refroidir complètement avant de déposer les galettes dans une boîte à tartines.

On peut en proposer deux de taille moyenne ou une grosse, mais plus elles sont petites, plus elles sont faciles à retourner dans la poêle.

Galettes Trempe-moi et Croque-moi sont dans une boîte à tartines

Pour 3 à 4 galettes :

- **½ verre de flocons d'avoine**
- **1 œuf**
- **½ oignon**
- **½ courgette**
- **1 cc de persil haché**
- **1 cc de graines de tournesol**
- **Une pincée de cumin en poudre**
- **Une pincée de sel et de poivre**
- **1 cs d'huile d'olive**

Déposer au fond d'un saladier les flocons d'avoine et verser quelques cuillères à soupe d'eau bouillante pour les ramollir, puis couvrir simplement d'une assiette et laisser gonfler.

Faire griller à feu doux les graines de tournesol et les laisser refroidir. Hacher menu la moitié d'oignon et le persil, râper la demi-courgette et verser le tout sur les flocons mœlleux.

Ajouter l'œuf préalablement battu, les graines de tournesol, le cumin, le sel, le poivre et l'huile d'olive, et bien mélanger. Sur une poêle huilée bien chaude, déposer une grosse cuillère à soupe du mélange et laisser cuire pendant quelques minutes.
Retourner la galette quand celle-ci a bien doré et cuire l'autre côté. Laisser refroidir complètement avant de déposer les galettes dans la boîte à tartines.

Elles s'accompagnent délicieusement d'un petit fromage frais ou d'une crème de houmous (recette p. 24) et de quelques crudités en bâtonnets, comme des carottes, des poivrons ou des choux-raves.

Le persil est de l'or à l'état pur! Il contient une mine de vitamines, d'oligoéléments et de minéraux dont les enfants ont besoin pour grandir. Ne vous en privez pas. On peut même s'en faire en pistou, à ajouter à vos *dips*. Pour cela, mixez une grosse branche de persil plat avec un filet de jus de citron, une cuillère à café de crème de sésame, une pincée de sel, quelques pistaches, et hop!, le tour est joué.

Feta galette

Pour 3 à 4 galettes :

- **½ verre de flocons de quinoa**
- **1 œuf**
- **1 petite échalote**
- **1 grosse poignée d'épinard frais**
- **1 cc de pignons (ou graines de tournesol)**
- **1 cs de feta émiettée**
- **Une pincée de sel et de poivre**
- **1 cs d'huile d'olive**

Déposer au fond d'un saladier les flocons de quinoa et verser quelques cuillères à soupe d'eau bouillante pour les ramollir, puis couvrir simplement d'une assiette et laisser gonfler.

Faire griller à feu doux les pignons et les laisser refroidir.

Hacher menu l'échalote, les feuilles d'épinard et verser le tout sur les flocons mœlleux.

Ajouter l'œuf préalablement battu, les graines de tournesol, la feta, le sel, le poivre et l'huile d'olive, et bien mélanger.

Sur une poêle huilée bien chaude, déposer une grosse cuillère à soupe du mélange et laisser cuire pendant quelques minutes.
Retourner la galette quand celle-ci a bien doré et cuire l'autre côté.
Laisser refroidir complètement avant de déposer les galettes dans la boîte à tartines.

Le quinoa n'est pas une céréale mais une plante de la même famille que l'épinard. Elle s'avère très riche en protéines et contient tous les acides aminés essentiels. Une petite perle donc, rapide et facile à cuisiner. J'en ai croisé des champs entiers sur les plateaux boliviens, mer rouge à hauteur des genoux qui s'étend jusqu'au bout du monde.

Crêpes bretonnes

Pour un saladier de pâte à crêpes de sarrasin :

- 250 g de farine de sarrasin (farine de blé noir)
- 1 œuf
- 250 ml + 250 ml d'eau
- Quelques pincées de sel

Pour la garniture :

- 2 cs de fromage de chèvre frais (ou moins frais selon les goûts)
- 4 ou 5 brins de ciboulette
- 6 cerneaux de noix
- Une filet de miel

Dans un saladier, mélanger énergiquement la farine et l'eau pour éviter les grumeaux. Ajouter l'œuf et le sel, et remuer à nouveau. Laisser de préférence reposer une heure ou deux au frigo. Ajouter alors 250 millilitres d'eau supplémentaire pour délayer la pâte.

Déposer une louche de pâte sur une poêle chaude et huilée. Retourner la crêpe une fois qu'elle est cuite d'un côté, et déposer le fromage de chèvre, la ciboulette hachée menu et le miel. Lorsque la crêpe est dorée, refermer et laisser refroidir avant de la mettre dans la boîte à tartines.

C'est mieux de laisser reposer le pâton, mais je dois avouer que je suis un peu *last minute*, alors ne vous affolez pas si vous faites cuire les crêpes sans avoir laissé reposer la pâte ! On peut, une fois la pâte prête, la conserver au frigo un ou deux jours. Pensez à ne pas enfermer la crêpe encore tiède dans une boîte à tartines. L'humidité la rendrait molle à l'heure de la déguster.

Galettes d'Halloween

Pour 2 à 3 galettes :

- **150 g de potimarron**
- **½ oignon**
- **2 cs de comté râpé**
- **1 œuf**
- **Une pincée de sel et de poivre et de poudre de curry**

Dans un saladier, râper le potimarron finement. Y ajouter un œuf (pas trop gros), le comté râpé, le sel, le poivron, le curry, l'oignon préalablement émincé très finement et tout mélanger. Sur une poêle huilée bien chaude, déposer une grosse cuillère à soupe du mélange et laisser cuire pendant cinq grosses minutes (cela dépend de l'épaisseur de votre galette). Retourner la galette quand celle-ci a bien doré et cuire l'autre côté. Laisser refroidir complètement avant de déposer les galettes dans la boîte à tartines.

La teneur en vitamines A, C, D, E du **potimarron** est exceptionnelle ! Il contient aussi beaucoup d'oligoéléments (phosphore, calcium, magnésium, fer, potassium, silicium, sodium), mais aussi de nombreux acides aminés essentiels, des acides gras insaturés et une grande concentration de sucres naturels.

Croquettes de kamut

Pour 6 à 8 croquettes :

- **60 g de couscous de kamut**
- **1 œuf battu**
- **2 cs de purée de sésame et 3 cs de farine de froment**
- **½ oignon haché finement**
- **1 petite gousse d'ail écrasée**
- **Un filet de tamari**
- **Un peu d'huile d'olive pour la cuisson**

Accompagner de sauce au basilic ou de crème de fromage aux noix (recette p. 22).

Verser le couscous de kamut dans un saladier, ajouter le même volume d'eau bouillante et laisser gonfler cinq minutes, puis laisser refroidir. Mélanger ensuite le couscous avec tous les autres ingrédients. Sur une poêle huilée bien chaude, déposer une cuillère à café du mélange préalablement façonné en petite boule au creux de la main et laisser cuire pendant quelques minutes. Retourner la croquette quand celle-ci a bien doré et cuire l'autre côté. Laisser refroidir complètement avant de déposer les croquettes dans la boîte à tartines.

Le grain de kamut, ancêtre du blé dur, est constitué de 20 à 40 % de protéines en plus que le blé normal. Il contient également plus d'acides aminés essentiels et d'acides gras non saturés. Sa teneur en magnésium et en zinc en fait un excellent aliment antifatigue, et sa richesse en glucides, lipides et potassium lui confère une valeur nutritionnelle élevée. Une autre bonne alternative au blé donc !

Cake au pesto de Mamy Nomade

Pour un cake :

- **150 g de farine complète et 1 sachet de levure chimique**
- **3 œufs et 2 petits yaourts (lait de vache ou soja)**
- **100 g de gruyère râpé**
- **1 pot de 150 g de pesto**
- **1 poignée de pignons (ou noix)**

Préchauffer le four à 190 °C. Dans un saladier, déposer la farine et la levure, puis mélanger. Faire un puits et y casser les trois œufs. Remuer énergiquement. Ajouter ensuite les yaourts et mélanger à nouveau. Ajouter le pot de pesto dont vous aurez retiré l'excédent d'huile (si elle remonte à la surface), le gruyère et enfin les pignons. Déposer la pâte dans un moule à cake huilé, enfourner et laisser cuire pendant environ 45 minutes. Laisser refroidir et couper une ou deux tranches.

C'est une excellente recette à faire à l'avance et à congeler pour les jours où l'on manque de temps. On découpe alors le cake en tranches quand il a complètement refroidi, puis on les congèle. Le matin même, sortez une tranche ou deux du congélateur et mettez-les directement dans la boîte à tartines. Le cake restera frais mais aura décongelé pour le repas de midi.

Au pays des falafels

Pour 3 ou 4 falafels :

- **60 g de pois chiches cuits et égouttés**
- **1 cc de purée de sésame**
- **4 cs de farine de pois chiches**
- **3 pincées de cumin en poudre**
- **½ gousse d'ail écrasée**
- **½ oignon haché**
- **1 carotte râpée**
- **Quelques branches de persil hachées**
- **Une pointe de cc de bicarbonate de soude**
- **1 poignée de graines de sésame**
- **Un filet de jus de citron**
- **Une pincée de sel**
- **Une pincée de poivre**

Préchauffer le four à 180 °C.
Déposer l'ensemble des ingrédients dans le bol d'un robot et mixer jusqu'à ce que que la pâte devienne homogène.
Façonner de petites boules et les rouler dans les graines de sésame.

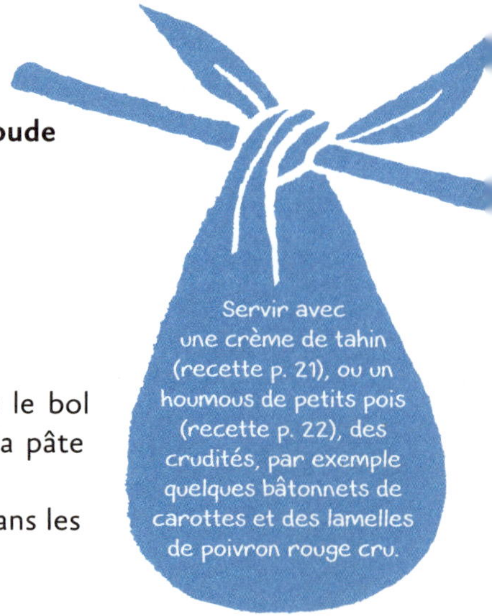

Les disposer sur une plaque de cuisson bien huilée, enfourner et laisser cuire pendant 15 minutes.
Retourner chaque falafel et poursuivre la cuisson pendant 15 minutes environ.
Laisser refroidir avant d'en garnir la boîte à tartines.

Pour éviter les flatulences avec les pois chiches, rincez-les à l'eau claire en les frottant entre vos doigts pour retirer les petites peaux transparentes. Ce sont celles-ci qui provoquent des gaz. Une recette sans gluten donc...

Mais au fait, quelles sont les céréales sans gluten ?

- Le millet
- L'amarante
- L'arrow-root
- Le maïs
- Le quinoa (considéré comme une céréale)
- Le riz
- Le sarrasin
- Le sorgho

Rouleaux de printemps
Roulons-nous dans l'herbe !

Pour 2 rouleaux de printemps :

- **4 crevettes**
- **4 feuilles de riz (pour rouleaux de printemps)**
- **1 petite carotte râpée**
- **4 feuilles de menthe entières**
- **2 feuilles de salade**
- **½ avocat mûr et coupé en lamelles**
- **Quelques pousses de soja**
- **Quelques vermicelles de riz**

Dans un bol, couvrir les vermicelles d'eau bouillante salée et laisser reposer cinq minutes. Égoutter et réserver.

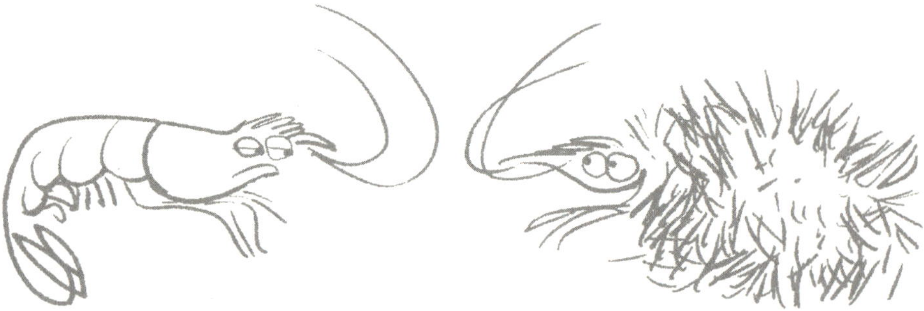

Dans un grand bol d'eau très chaude, tremper deux feuilles de riz à la fois jusqu'à ce que les deux côtés soient mouillés.
Les retirer de l'eau, bien les égoutter et les déposer sur un linge sec.
Sur un plan de travail, superposer les deux feuilles humides.
Disposer une feuille de salade, un peu de vermicelles et quelques germes de soja à une extrémité. Rabattre les côtés vers le centre. Commencer à rouler fermement.
En cours de route, ajouter un peu de carotte râpée et des lamelles d'avocat, en continuant à rouler pour bien emprisonner la garniture.
Disposer deux crevettes sur toute la longueur du rouleau et continuer à rouler. Ajouter quelques feuilles de menthe et replier les bords.

Réaliser cette recette est une chouette activité familiale, et elle est agréable à déguster lorsqu'il fait chaud. On peut varier ses ingrédients à l'infini : grains de maïs au lieu de la carotte ; lamelles de poulet, crabe, filets de truite, petites sardines à l'huile ou tofu fumé au lieu de la crevette. On peut aussi garnir les rouleaux de rondelles de concombre, de radis, de chou-rave, de céleri, de graines de sésame, etc. Les rouleaux de printemps se gardent très bien au frais et se tiennent tranquilles dans une boîte à tartines.

Muffins en dînette

Pour 12 pièces :

- **50 g de tofu fumé**
- **1 yaourt de soja**
- **Une dizaine d'olives noires dénoyautées et coupées en deux**
- **Une dizaine de feuilles de basilic hachées**
- **1 gousse d'ail écrasée**
- **70 g de farine de froment**
- **50 g de farine de quinoa**
- **1 œuf**
- **2 cs de tamari**
- **50 g d'huile d'olive**
- **1 sachet de levure**

Préchauffer le four à 180 °C.
Assembler dans un grand bol le yaourt, le sel, le basilic, l'ail écrasé et l'huile d'olive.
Dans un autre bol, mélanger les deux farines et le sachet de levure, et en verser le contenu dans la préparation de yaourt. Ensuite, ajouter l'œuf, les olives et le tofu découpé en petits morceaux.
Verser dans des moules à muffins bien huilés (sinon, cela colle), enfourner et laisser cuire pendant environ 30 minutes.

Les muffins se conservent bien quelques jours dans une boîte au réfrigérateur. Sinon, n'hésitez pas à les congeler. Sortez-en du congélateur la veille au soir pour le déjeuner du lendemain. On peut aussi les grignoter à la collation de 10 h ou au goûter, car ils se glissent facilement dans la poche !

Boulettes Nids douillets

Pour 20 boulettes environ :

- 150 g de millet
- 1 grosse carotte
- 2 oignons de printemps
- 2 petits œufs
- 1 cc de curry
- ½ cc de curcuma
- ½ cc de sel
- 1 petit bouquet de coriandre fraîche
- 60 g de chapelure de biscotte de quinoa et de riz
- Un filet d'huile de sésame

Dans une casserole, faire bouillir environ 40 centilitres d'eau avec les épices et le sel. Quand l'eau bout, verser le millet et cuire jusqu'à complète absorption du liquide. Laisser refroidir.

Râper la carotte et hacher finement les deux oignons de printemps et la coriandre.

Mélanger dans un bol le millet refroidi, la carotte, les oignons et les deux œufs.

Former des boulettes avec les doigts au creux de la main, les rouler dans la chapelure et les cuire pendant quelques minutes à feu vif dans l'huile de sésame.

Accompagner les boulettes d'une mini-boîte de crème de thon (recette p. 25), d'artichauts (recette p. 23) ou de fromage frais et de quelques crudités à croquer.

Le curcuma, aussi appelé « le safran des Indes », est réputé très efficace contre divers maux et maladies, et est très riche en vitamines B6 et C, en fer, en manganèse, en potassium et en flavonoïdes (aux effets anti-oxydant et protecteur sur l'organisme). Il s'avère notamment très efficace dans le traitement des troubles digestifs et ses propriétés sont anti-inflammatoires. Alors, ne nous en privons pas ! Mais, comme son goût est tout de même assez prononcé (quelque peu piquant et musqué), je propose de le mélanger avec d'autres saveurs.

Blinis pour les taupes

Pour 15 à 20 blinis :

- **350 g de pommes de terre farineuses**
- **2 œufs**
- **75 g de farine de blé**
- **8 cl de lait de soja**
- **5 cl de crème soja**
- **Un filet d'huile d'olive**
- **Quelques branches de persil**
- **Quelques pincées de sel et de poivre**

Cuire les pommes de terre à la vapeur avec leur peau. Les éplucher et les écraser à la fourchette ou au moulin à légumes.
Casser les œufs et séparer les blancs des jaunes. Ajouter à la purée de pommes de terre les jaunes d'œufs, le lait, la crème, le persil, la farine tamisée, le sel et le poivre. Monter ensuite les blancs en neige et les ajouter au mélange.
Façonner de petites galettes de quelques centimètres de diamètre et cuire à feu doux pendant trois minutes de chaque côté dans une poêle huilée.

Pour les intolérants ou les allergiques au gluten, utilisez de la farine de sarrasin au lieu de la farine de blé. Le sarrasin contient plus de calcium que le blé. Il est aussi riche en magnésium et en phosphore. Les acides aminés de ses protéines s'avèrent très précieux. Il est facile à digérer et rassasiant, donc pas de sensation de faim une heure après le repas !

Juste un p'tit goûter !

Cela vous dirait quelques plaisirs sucrés
en guise de goûter ?
Bien sûr, les enfants les adorent !
Mais, pensez à varier les apports en sucres.
Un jour, biscuits au sucre de canne ; le lendemain,
fruits secs ou fruits frais.

Je vous propose, dans un premier temps, quelques idées d'associations simples pour un goûter à préparer le matin même (**recettes express**). Dans un second temps, des recettes plus travaillées que je concocte la veille, parfois même avec les enfants, le dimanche ou le mercredi après-midi (recettes à faire la veille).

Ces dernières peuvent se conserver plusieurs jours au frigidaire, au congélateur ou dans une boîte en fer placée dans un endroit sec. Les enfants prennent beaucoup de plaisir à découvrir de nouveaux aliments, à goûter les saveurs, à comprendre les bonnes associations et même à en inventer de nouvelles. Alors, profitez-en, c'est un vrai moment de partage !

Duo de fruits frais et de fruits secs

- **3 tranches de mangue séchée (ou raisins secs, les deux sans additif, c'est mieux !)**
- **1 cc de baies de goji**
- **5 noix de cajou**
- **5 noisettes**

Découper en morceaux quelques tranches de mangue séchée.
Les accompagner de noisettes, de noix de cajou grillées et de baies de goji, et les placer dans une mini-boîte.
En fonction de la saison, on peut ajouter à ce goûter une grappe de raisin, quelques fraises, des cerises ou une tranche de melon en morceaux dans une petite boîte à part pour ne pas ramollir les oléagineux.

Recette express

Salade de fruits

- **¼ de pomme**
- **¼ de poire**
- **1 banane**
- **Quelques amandes émondées**
- **Un filet de jus de citron**

Faire tremper les amandes et le lendemain, les émonder en les faisant glisser entre les doigts. Elles redeviennent fraîches et croquantes.
Couper les fruits en morceaux et tout mélanger.
Verser le jus de citron sur la salade de fruits pour conserver ses couleurs et toutes ses vitamines.

Noix caramélisées

- **Une dizaine de noix du Brésil, d'amandes, de noisettes ou de noix de cajou**
- **1 cc de sucre de canne**

Mettre les noix dans une poêle chaude et les laisser griller quelques minutes.
Ajouter le sucre et faire caraméliser une minute.
On peut aussi ajouter une pincée de poudre de cannelle pour une touche de douceur épicée.
Se conserve dans un endroit bien sec pendant plusieurs jours.

Recette express

Pour les dents salées

- **1 poignée de graines de courge**
- **1 poignée de graines de tournesol**
- **1 cs de tamari**

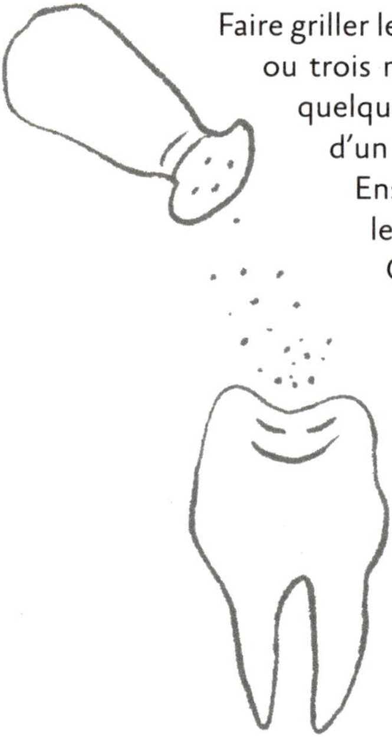

Faire griller les graines dans une poêle chaude pendant deux ou trois minutes, puis ajouter le tamari, remuer durant quelques secondes pour que chaque graine s'imbibe d'un peu de sauce.

Ensuite, éteindre le feu et déposer tout de suite les graines à refroidir sur une assiette.

C'est un petit snack simple et délicieux qui change des collations sucrées.

Recette express

Galettes fruitées

- **2 galettes de maïs ou de riz (achetées dans le commerce)**
- **½ cc de crème de noisettes**
- **1 cc de baies de goji (ou raisins secs)**
- **1 cc de graines de tournesol**

Faire griller les graines de tournesol à faible température.
Une fois dorées, les laisser refroidir.
Les hacher ensuite finement avec des baies de goji ou des raisins secs.
Tartiner la crème de noisettes sur deux galettes de maïs ou de riz, puis y parsemer les graines et les fruits secs hachés.
Refermer les tartines-galettes.

Recette express

Tartine choco-pomme

- **1 tartine de pain complet**
- **½ cc de crème d'amande**
- **¼ ou ½ pomme**
- **1 carré de chocolat noir**
- **Quelques gouttes de jus de citron**

Étaler sur la tartine la crème d'amande au couteau.
Couper la tartine en deux. Sur une demi-tartine, râper le morceau de pomme, verser quelques gouttes de citron pour en conserver ses vitamines. Râper enfin sur le dessus un carré de chocolat noir, bien refermer la tartine et la glisser dans une mini-boîte.

Galettes croustillantes

- **2 galettes de sarrasin et de riz (achetées toute faites)**
- **1 cc de sirop de Liège (version sans sucre ajouté, avec des fruits uniquement)**
- **Un peu de beurre au lait cru**

Tartiner un peu de beurre au lait cru sur les deux galettes de sarrasin et de riz.
Étaler du sirop de Liège, refermer.

Recette express

Tartines chococo

- **2 petites tartines de pain multicéréales**
- **2 carrés de chocolat noir (70 % de cacao)**
- **1 cc de beurre de coco**

Étaler le beurre de coco sur les tartines.
Râper à l'aide d'un économe (épluche-légumes) les carrés de chocolat directement sur les tartines.
Refermer.

Dînette improvisée

- **2 galettes de riz ou de maïs**
- **Quelques cubes de tomme de brebis ou de chèvre**
- **Quelques radis rouges ou mange-tout à croquer**

Glisser chacun des ingrédients dans une petite boîte séparée et jouer à la dînette au moment du goûter !

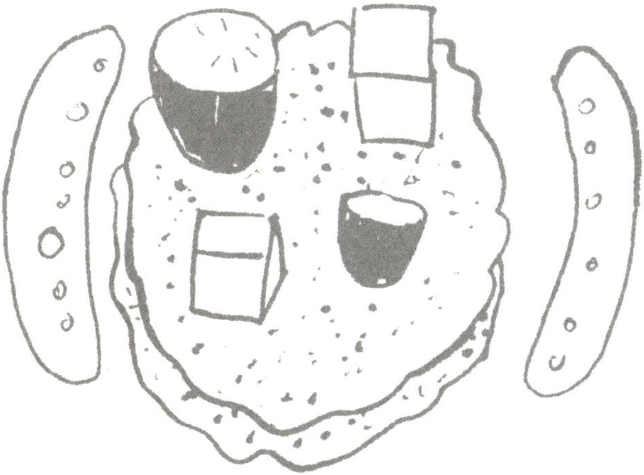

Recette express

Compote au granola maison

- **1 petit pot de compote pomme-poire maison**
- **5 ou 6 amandes**
- **1 grosse cs de flocons de quinoa**
- **1 cc de sucre de canne non raffiné**

Verser la compote dans un petit pot hermétique.
Hacher menu les amandes et les faire griller dans une poêle avec le sucre et les flocons de quinoa.
Laisser caraméliser quelques minutes.
Une fois refroidi, mettre le granola maison dans une mini-boîte à verser sur la compote au moment de déguster.

Recette à faire la veille

Mini-muffins à la banane

Pour environ 3 pièces :

- **3 cs de farine de froment**
- **1 banane écrasée**
- **2 cs de crème d'amande**
- **2 cs de sucre de canne**
- **2 cs de copeaux de chocolat noir**

Préchauffer le four à 180 °C.
Écraser la banane à la fourchette.
Ajouter la crème d'amande, la farine de froment et bien mélanger.
Râper à l'aide d'un économe (épluche-légumes) la barre de chocolat afin d'en faire des copeaux. Les ajouter au mélange et remuer.
Déposer une cuillère à soupe de la pâte dans chaque coupelle en papier (type cupcakes) et enfourner.
Au bout de 15 minutes, vérifier la cuisson avec la pointe d'un couteau.

Mini-crêpes banamandes

Pour 6 à 8 mini-crêpes :

- **1 œuf**
- **1 banane mûre écrasée**
- **2 cs de poudre d'amande et de farine de riz**
- **Un peu de lait de riz**

Mélanger la banane écrasée avec l'œuf, la poudre d'amande et la farine. La texture doit être onctueuse (on peut aussi mixer le tout s'il y a des grumeaux) et assez liquide pour s'étaler sur une poêle mais pas trop. Ajouter un peu de lait si la texture est trop épaisse. Cuire pendant une ou deux minutes de chaque côté. Laisser refroidir et disposer deux ou trois petites crêpes dans une boîte à tartines pour l'heure de la récréation ou pour le dessert si le repas a été léger.

Comme la pâte est assez mousseuse comparée à une pâte contenant plus de farine, les crêpes sont plus difficiles à retourner. Préférez donc les mini-formats (5 cm de diamètre) dont les enfants raffolent.

Préférez **les bananes mûres**.
Elles sont plus digestes et plus sucrées.
Ainsi, pas de sucre à rajouter !

Doigts de miel

Pour 3 à 5 doigts de miel :

- **50 g de flocons d'avoine**
- **30 g de miel**
- **25 g de beurre au lait cru**
- **20 g d'amandes effilées, de noix ou de noisettes concassées**
- **Une pointe d'extrait de vanille**

Préchauffer le four à 180 °C.

Faire fondre le beurre et le miel dans une casserole et les verser sur les flocons d'avoine.

Mélanger et ajouter enfin les amandes, noix ou noisettes.

Bien mélanger à nouveau et répartir dans un plat peu profond.

À l'aide d'une spatule, étaler de manière uniforme.

Enfourner et laisser cuire pendant environ 25 minutes.

Sortir et découper des doigts de miel, puis les laisser refroidir dans le plat.

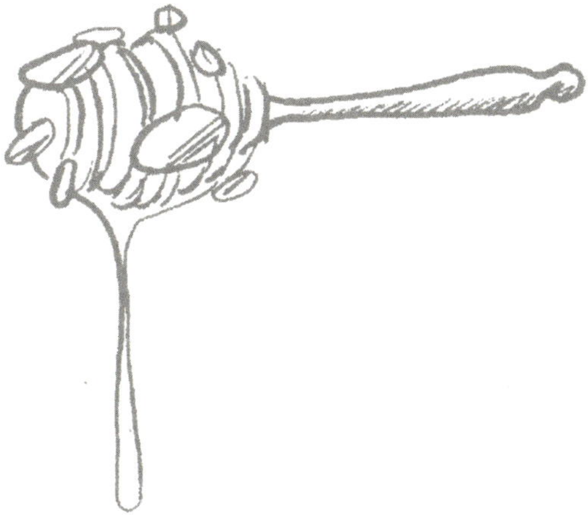

Recette à faire la veille

Mini-crêpes de riz

Pour 6 à 8 mini-crêpes :

- **50 g de flocons de riz**
- **1 œuf**
- **20 g de copeaux de chocolat noir**
- **3 cs de sucre de canne**
- **½ cc de vanille en poudre**
- **Une pincée de sel**
- **Un filet de lait d'amande (ou de soja, de riz, etc.)**

Dans un bol, verser le lait d'amande sur les flocons de riz et laisser gonfler quelques minutes.

Dans un autre bol, battre l'œuf.

Mélanger ces deux préparations.

Incorporer le chocolat découpé en copeaux à l'épluche-légumes, le sucre et la vanille.

Bien remuer.

Sur une poêle bien huilée, former de petites crêpes avec une cuillère à soupe et les laisser cuire pendant cinq minutes de chaque côté.

Recette à faire la veille

Crèmes des îles

Pour 2 à 3 pots :

- **50 g de tapioca**
- **1 verre de lait de soja (ou de riz)**
- **2 cs de sucre**
- **½ cc de poudre de vanille (ou d'extrait de vanille)**
- **70 ml de lait de coco**

Dans une casserole, faire chauffer le lait de soja à feu moyen. Ajouter le tapioca et remuer sans relâche. Ajouter le sucre et la poudre de vanille. Continuer à mélanger jusqu'à ce que le tapioca s'épaississe, il devient alors presque transparent. Retirer du feu et ajouter le lait de coco.
Bien mélanger à nouveau.
Déposer dans des mini-boîtes étanches et laisser refroidir complètement les crèmes avant de refermer les boîtes, et de les mettre au frigidaire. Glisser la boîte dans le sac isotherme de l'enfant avec une cuillère à café pour son déjeuner ou son goûter.

Attention, le tapioca s'épaissit lorsqu'il refroidit.

Cookies d'automne

Pour 10 à 12 cookies :

- **100 g de potimarron cuit**
- **110 g de farine de froment**
- **70 g de sucre**
- **1 œuf**
- **70 g de chocolat noir coupé en morceaux (ou pépites)**
- **30 g de beurre de coco**
- **½ sachet de levure**
- **15 g de graines de tournesol**
- **½ cc de mélange de 4 épices moulues (cannelle, gingembre, cardamome, muscade)**

Préchauffer le four à 180 °C. Dans un saladier, mélanger le beurre de coco ramolli avec le sucre, ajouter l'œuf et bien remuer.

Cuire le potimarron à la vapeur, en prélever 100 grammes environ et l'écraser à la fourchette. L'ajouter à la préparation précédente, puis mélanger.

Tamiser la farine et la levure, puis les incorporer peu à peu à la pâte.

Ajouter enfin les épices, les graines de tournesol et le chocolat en morceaux. À l'aide d'une cuillère à café, déposer des petites boules de pâte sur une plaque recouverte de papier sulfurisé.

Enfourner et laisser cuire pendant environ 10 à 12 minutes.

Recette à faire la veille

Crêpes pour les écureuils

Pour une dizaine de crêpes :

Pour la pâte :

- **80 g de farine de froment**
- **40 g de farine de riz**
- **40 g de farine de châtaigne**
- **2 œufs**
- **2 cs d'huile de tournesol**
- **Une pincée de sel**

Pour la garniture :

- **1 cc de sirop d'érable**
- **½ cc de beurre de coco (ou huile de coco)**

Dans un saladier, mélanger les farines. Creuser un puits et y casser les deux œufs.

Remuer énergiquement pour que le mélange devienne homogène.

Ajouter le sel et l'huile, mélanger à nouveau. Si la pâte est trop épaisse, ajouter un peu de lait de riz ou de soja.

Huiler une poêle bien chaude et y déposer une louche de pâte.

Une fois la crêpe dorée des deux côtés, y faire fondre un peu de beurre de coco et arroser de sirop d'érable.

Laisser refroidir et rouler.

Recette à faire la veille

Biscuits pirouette cacahouète

Pour 6 à 8 biscuits :

- **3 cs de beurre de cacahouète**
- **1 c et demi de sucre de canne**
- **1 œuf**

Préchauffer le four à 180 °C.

Mélanger tous les ingrédients jusqu'à ce que la pâte devienne homogène.

À l'aide d'une cuillère à café, déposer des petites boules de pâte sur une plaque recouverte de papier sulfurisé.

Les aplatir légèrement avec une fourchette. Si la pâte est trop collante pour la manipuler, la réfrigérer pendant 30 minutes avant de la façonner en boules.

Enfourner et laisser cuire pendant environ 15 minutes.

Recette à faire la veille

Meringues Blanche-Neige

Pour 6 à 8 meringues :

- **25 g de noix**
- **35 g de sucre glace**
- **½ cc de vanille en poudre**
- **1 blanc d'œuf**
- **1 noisette de beurre de coco**

Préchauffer le four à 150 °C.

Griller les noix dans une poêle pendant cinq minutes ou jusqu'à ce qu'elles soient croustillantes.

Les laisser refroidir, puis les hacher.

Dans un bol, tamiser le sucre glace et la vanille. Bien mélanger.

Séparément, monter le blanc d'œuf en neige, puis l'ajouter au sucre vanillé.

Ensuite, incorporer délicatement les noix.

Graisser avec un peu de beurre de coco la plaque du four.

Déposer des cuillères à café de la préparation sur les plaques en les espaçant.

Cuire les meringues pendant environ 30 minutes, jusqu'à ce qu'elles deviennent dures.

Les laisser enfin refroidir sur une grille.

Recette à faire la veille

Chausson de la maison

- **1 carré de pâte feuilletée bio (avec ou sans gluten)**
- **20 g de compote de pommes et de poires par chausson (la plus « sèche » possible)**
- **Une pincée de cannelle (ou de vanille)**
- **1 cc de sirop d'érable**
- **Un peu de jaune d'œuf**

Préchauffer le four à 180 °C. Étaler la pâte feuilletée sur le plan de travail. Découper un cercle assez large afin qu'une fois pliée en deux, la pâte feuilletée soit suffisamment ample pour accueillir la compote.
Préparer une compote maison sans sucre avec un peu de cannelle ou de vanille. Lorsqu'elle est bien compacte (pas liquide), laisser refroidir et ajouter un peu de sirop d'érable.
Étaler celle-ci sur la moitié de la pâte en laissant de la place pour rabattre les bords.
Bien refermer en repliant les bords et en les piquant avec une fourchette. Avec un couteau, faire des petites entailles parallèles pour décorer le chausson.
Mettre au réfrigérateur pendant environ une heure. Badigeonner ensuite d'un peu de jaune d'œuf pour que le chausson obtienne une jolie couleur dorée à la cuisson. Enfourner et laisser cuire pendant 15 à 20 minutes.

ET POUR BIEN S'ORGANISER...

Je vous propose quatre menus hebdomadaires dans lesquels j'ai alterné les plats à base de pain, de céréales avec et sans gluten, de protéines végétales et animales, de légumes, etc.

Menus

PREMIÈRE SEMAINE

	Pique-nique	Page	Petit dessert ou goûter	Page
Lundi	Tartines des champs	28	Duo de fruits frais et de fruits secs	97
Mardi	Salade Et si on jouait aux dames	52	Mini-muffins à la banane	107
Mercredi	Miss Kasha la galette	73	Crème des îles	111
Jeudi	Doigts de printemps	29	Pour les dents salées	100
Vendredi	Galettes Trempe-moi et Croque-moi	75	Salade de fruits	98

DEUXIÈME SEMAINE

	Pique-nique	Page	Petit dessert ou goûter	Page
Lundi	Tartines d'eau douce	35	Compote au granola maison	106
Mardi	Galettes Ma Socca du soleil	72	Galettes croustillantes	103
Mercredi	Salade Il fait tout noir	55	Cookies d'automne	112
Jeudi	Tartines des pâturages	38	Meringues Blanche-Neige	115
Vendredi	Salade comme le corail sous la mer	56	Tartine choco-pomme	102

TROISIÈME SEMAINE

	Pique-nique	Page	Petit dessert ou goûter	Page
Lundi	Bocadillo español	32	Noix caramélisées	99
Mardi	Salade Mon sac de billes	53	Tartines chococo	104
Mercredi	Croquettes de kamut	82	Mini-crêpes banamandes	108
Jeudi	Tartines d'été	30	Crème des îles	111
Vendredi	Au pays des falafels	84	Duo de fruits frais et de fruits secs	97

QUATRIÈME SEMAINE

	Pique-nique	Page	Petit dessert ou goûter	Page
Lundi	Tartines Coco quornée	47	Compote au granola maison	106
Mardi	Rouleaux de printemps Roulons-nous dans l'herbe !	86	Dînette improvisée	105
Mercredi	Salade pour danser la salsa	59	Tartine choco-pomme	102
Jeudi	Bagel au thon	44	Biscuits pirouette cacahouète	114
Vendredi	Salade de l'autre bout du monde	60	Chausson de la maison	116

Index des ingrédients

Table des matières

POUR BIEN COMMENCER

RECETTES DE PIQUE-NIQUES

Oh mes tartines !

Mmm mes salades !

Et mes galettes !

Juste un p'tit goûter !

ET POUR BIEN S'ORGANISER...

Sitographie

Voici les sites de cuisine où j'aime aller flâner !

Les sites francophones :

- www.lesrecettesdejuliette.fr
- www.cuisine-saine.fr
- www.biogourmands.com
- www.cuisine-campagne.com
- www.mavegetable.com
- www.cleacuisine.fr

Les sites anglophones :

- www.cannellevanille.com
- www.greenkitchenstories.com
- www.cafefernando.com
- www.roostblog.com
- www.ohladycakes.com
- www.happyolks.com

Les ustensiles pour les pique-niques : mes bonnes adresses :

- www.kudzu.be : une boutique écologique et éthique en ligne qui propose des ustensiles colorés et bien pratiques.
- www.biome.com.au : un très chouette site web écolo et australien pour ustensiles et accessoires de tous types, sans phtalate ni bisphénol. On y trouve notamment des sacs isothermes de la marque Pack-It qui se glissent au congélateur et gardent ensuite les aliments frais pendant environ 10 h.
- www.foody-food.be : ces boîtes à conservation sous vide permettent de prolonger la vie des ingrédients et s'avèrent la solution idéale pour la conservation parfaite des pique-niques.

FSC
www.fsc.org
MIX
Paper from
responsible sources
FSC® C008551

Dans un souci de développement durable :
- Ce livre a été imprimé sur un papier Munken Print certifié FSC. Cette labellisation garantit que le papier est issu de forêt gérées durablement : coupe de bois permettant le respect de la biodiversité, culture d'essences adaptées aux milieux, respect des droits des populations locales et des travailleurs forestiers...
- Les encres utilisées pour l'impression sont des encres végétales.
- L'ensemble des déchets produits lors de la production de ce livre sont recyclés ou éliminés de façon conforme à la réglementation en cours en Belgique.

Achevé d'imprimer en avril 2015
sur les presses de l'imprimerie les Éditions européennes